BEI GRIN MACHT SICH IHR WISSEN BEZAHLT

AF167212

- Wir veröffentlichen Ihre Hausarbeit, Bachelor- und Masterarbeit

- Ihr eigenes eBook und Buch - weltweit in allen wichtigen Shops

- Verdienen Sie an jedem Verkauf

Jetzt bei www.GRIN.com hochladen und kostenlos publizieren

Armenfürsorge im Wandel. Sozialdisziplinierung am Beispiel der Armenfürsorge in der frühen Neuzeit

Eduard Gitt

Bibliografische Information der Deutschen Nationalbibliothek:

Die Deutsche Nationalbibliothek verzeichnet diese Publikation in der Deutschen Nationalbibliografie; detaillierte bibliografische Daten sind im Internet über http://dnb.d-nb.de abrufbar.

ISBN: 9783346576071
Dieses Buch ist auch als E-Book erhältlich.

Druck und Bindung: Books on Demand GmbH, Norderstedt Germany
Gedruckt auf säurefreiem Papier aus verantwortungsvollen Quellen

Das vorliegende Werk wurde sorgfältig erarbeitet. Dennoch übernehmen Autoren und Verlag für die Richtigkeit von Angaben, Hinweisen, Links und Ratschlägen sowie eventuelle Druckfehler keine Haftung.

Das Buch bei GRIN: https://www.grin.com/document/1167370

Wintersemester 2012/13

UNIVERSITÄT AUGSBURG

Lehrstuhl: Geschichte der Frühen Neuzeit

Proseminar: Fürstenherrschaft, ‚Gemeiner Nutz' und ‚Gute Policey'

Armenfürsorge im Wandel
Sozialdisziplinierung am Beispiel der Armenfürsorge in der frühen Neuzeit

Eingereicht von

Eduard Gitt

12.04.2013

Studiengang: Lehramt

Semesterzahl: 1.Fachsemester

Inhaltsverzeichnis

1. Einleitung.. 2

2. Sozialdisziplinierung 2

3. Das Problem der Armut... 4

   3.1 Armenfürsorge im (Spät) Mittelalter 4

   3.2 Ursachen für zunehmende Armut und Unterschicht in der frühen Neuzeit 5

   3.3 Neuerungen der Armenfürsorge in der Frühen Neuzeit....................................... 7

       3.3.1 Kommunalisierung 7

       3.3.2 Rationalisierung.. 8

       3.3.3 Bürokratisierung... 9

       3.3.4 Pädagogisierung 10

4. Theologische Begründung der Maßnahmen 11

5. Schluss 13

6. Literaturliste 15

1. Einleitung

In den letzten Monaten war die politische Diskussion um die Armut in Deutschland ein oft diskutiertes Thema in den deutschen Medien. Schlagworte wie „Altersarmut", „soziale Schere" oder der „Armutsbericht" machten die Runde. Und die große Frage dabei lautete: Was tut die Regierung?

Das Thema der Sozialdisziplinierung in der frühen Neuzeit ist ein sehr breites Thema. Praktisch jeder Bereich des öffentlichen und privaten Lebens wurde diszipliniert, geordnet und geregelt. Will man sie näher beschreiben und verstehen, muss man sich auf einen Teilbereich ihrer Wirkung begrenzen. In dieser Arbeit soll die Armut dieser Teilbereich sein.

Ziel dieser Arbeit ist somit eine Untersuchung der Armut zu Beginn der Frühen Neuzeit und die Reaktion des gerade werdenden Staates darauf. Fragen die hierbei beantwortet werden sollen sind: Wieso kam es zu Beginn der Frühen Neuzeit zu einem starken Anstieg der Armut? Wie sah Armenfürsorge im Mittelalter aus und welche Änderung stellten sich mit der Übernahme derselben durch den Staat ein? Wo möglich, soll hierbei auch Bezug auf die Reformation genommen werden: Wie sahen die Reformatoren das Problem?

Die Arbeit selbst soll aus drei Hauptteilen bestehen. Zuerst wird der Begriff der Sozialdisziplinierung allgemein und knapp definiert und sein Ursprung dargelegt. Darauf aufbauend wird im zweiten Teil das konkrete Beispiel der Armenfürsorge in der frühen Neuzeit untersucht. Zum besseren Verständnis des Wandels in der Armenfürsorge werden dafür zuerst die Gründe und das Ausmaß der ansteigenden Armut in der Frühen Neuzeit dargestellt. Danach soll Bezug auf die konkreten Änderungen genommen werden. In einem dritten Teil soll eine kurze theologische Darstellung erklären, warum Müßiggang so negativ und Arbeit so positiv gesehen wurde. In einem Schlussteil sollen die gesammelten Erkenntnisse noch einmal kurz und bündig zusammengefasst werden.

2. Sozialdisziplinierung

Der Begriff der Sozialdisziplinierung ist ein noch relativ junger Begriff in der Geschichtswissenschaft. 1962 entwarf Gerhard Oestreich seinen Forschungsansatz der Sozialdisziplinierung als Leitkonzept der frühneuzeitlichen Geschichte Europas[1]. In seinem Aufsatz *„Strukturprobleme des europäischen Absolutismus"* von 1969 wird deutlich, dass die Sozialdisziplinierung das Mittel des gerade entstehenden Absolutismus war, um den Feudalismus hinter sich zu lassen[2]. Die Sozialdisziplinierung als „das politische und soziale

---

[1] Vgl. *Jörn Garber* (Hrsg.), "Die Stammutter aller guten Schulen". Das Dessauer Philanthropinum und der deutsche Philanthropismus 1774-1793. Tübingen 2008. S.359.
[2] Vgl. *Gerhard Oestreich*, Strukturprobleme des europäischen Absolutismus, in: Oestreich, Gerhard (Hrsg.), Geist und Gestalt des frühmodernen Staates. ausgewählte Aufsätze. Berlin 1969 S.187.

Ergebnis des monarchischen Absolutismus"[3] war das Instrument um eine neue politische Ordnung zu schaffen.

Diese neue politische Ordnung war für die nach der Reformation durcheinander gekommene Ständegesellschaft[4], der immer größer werdenden Stadtbevölkerung und der damit einhergehenden Probleme wie Seuchen und Hungersnöte und insbesondere auch der nach der Reformation begonnen Religionskriege und –streitigkeiten auch absolut notwendig.

Eine der Grundlagen der Sozialdisziplinierung war zum großen Teil auch das sehr stark von der Theologie und Philosophie geprägte Menschenbild in der frühen Neuzeit. Der Mensch wird als „religiös ganz der Sünde ausgeliefert und philosophisch ganz den Leidenschaften verfallen"[5] gesehen. Somit braucht der Mensch Ordnungen, um überhaupt Mensch sein können. Diese Ordnungen und Vorschriften machten vor keiner Klasse und vor keinem Stand halt – weder die Herrscherklasse noch die „zivilen Minister und Beamten, die Offiziere und Soldaten, die ökonomischen Unternehmer und Handwerker, nicht zuletzt alle Untertanen" konnten sich dem Disziplinierungswillen des absolutistischen Denkens entziehen und „wurden in ihrer Arbeit und ihrer Haltung diszipliniert."[6]

Das 16te Jahrhundert kann man deswegen auch das Jahrhundert des großen Ordnens und Regulierens in Deutschland bezeichnen. Einige der wichtigsten Gesetzeswerke des Heiligen Römischen Reiches entstanden in genau dieser Zeit, insbesondere auch die „Reichspolizeiordnungen von 1530 mit ihren Verbesserungen und Ergänzungen von 1548 und 1577 sowie die Constitutio Criminalis Carolina von 1532, die beide bis zum Ende des Reichs in Geltung blieben"[7].

Großes Gemeinsames Ziel all dieser Polizeiordnungen war der „Zustand einer guten Ordnung"[8] im gesamten Reich. Diese gute Ordnung sollte letztlich dem Gemeinwohl dienen; wenn sich alle daran halten, dann würde es der gesamten Gesellschaft besser gehen, sowohl materiell-weltlich, als auch seelisch-geistlich. Um dieses hohe Ziel zu erreichen, versuchten diese Ordnungen nicht nur das öffentliche Leben, sondern auch das private Leben zu ordnen.

Allgemein können demnach alle diejenigen Maßnahmen (Vorschriften, Regulierungen, Gesetze, Erziehungsanweisungen, Kontrollen aber auch Strafen und Sanktionen) des Staates oder der Obrigkeit unter die Überschrift der Sozialdisziplinierung gestellt werden, die als Ziel die „Unterwerfung der Bürger unter eine Disziplin im Interesse des Gemeinwesens"[9], also die moralische und sittliche Perfektibilität (christliche Zucht und Ehrbarkeit!) des Einzelnen

---

[3] *Oestreich* (wie Anm. 2)S.188.
[4] Luthers *Von der Freyheith eines Christenmenschen* hatte ungewollten, negativen darauf (Bauernkriege)
[5] *Oestreich* (wie Anm. 2) S.192.
[6] *Oestreich* (wie Anm. 2) S.191.
[7] *Arno Buschmann, Reichsgesetzgebung, in: , Enzyklopädie der Neuzeit. Physiologie - Religöses Epos. Band 10. Darmstadt*Sp.903f.
[8] *Karl Härter, Polizei, in: , Enzyklopädie der Neuzeit. Physiologie - Religöses Epos. Band 10. Darmstadt* Sp. 174f.
[9] *Oestreich* (wie Anm. 2)S.191-193.

im Sinn haben.[10] Diese Disziplinierung erstreckte sich über alle nur denkbaren Bereiche des öffentlichen sowie dann auch des privaten Lebens.

3. Das Problem der Armut

Im ausgehenden Mittelalter und zu Beginn der Frühen Neuzeit kam es zu einer „wachsenden Verarmung breiter Bevölkerungsschichten".[11] Diesem Problem kamen die mittelalterlichen Armenfürsorgemethoden nicht mehr hinterher. Seit der Frühen Neuzeit entwickelte sich deswegen ein neues System der Armenfürsorge. In diesem Kapitel soll zunächst kurz gezeigt werden, wie die Armenfürsorge im Mittelalter aussah, warum es seit Frühen Neuzeit einen dramatischen Anstieg der Armut gab und zuletzt wie sich die Neuorganisation der Armenfürsorge durch die Obrigkeiten in der Frühen Neuzeit zeigt.

3.1 Armenfürsorge im (Spät) Mittelalter

Armenfürsorge und Bekämpfung der Armut an sich lag im Mittelalter in erster Linie im Zuständigkeitsbereich der sog. Primärverbände, also der Familien und Grundherrschaften der Armen[12]. Trotzdem übernahm die christliche Kirche den Großteil der Armenfürsorge. Dies tat sie neben dem Führen von Armenlisten zu besseren Kalkulation der Versorgung und der Einrichtung von Hospitälern und Getreideversorgungen gerade in Hungersnöten[13] hauptsächlich und entscheidend über die starke Eigenwirtschaftskraft der Klöster, „die ihre Arbeitskräfte versorgten, ortsansässige und umherziehende Arme speisten, Witwen, Waisen, Altersschwache, Krüppel und ausgesetzte Kinder unterstützten, Kranke pflegen und die Willkür der Herren gegenüber der Unfreien einschränkten."[14] Die Mittel für die Versorgung der Armen kamen zu einem großen Teil auch von den Almosen der gläubigen Bevölkerung, die nach römisch-katholischer Lehre durch das Geben von Almosen Sündenvergebung bekommen und so einen Teil zu ihrem eigenen Seelenheil selbst beitragen konnten.[15]

---

[10] Vgl. *Garber* (Hrsg.) (wie Anm. 1). S.363f.

[11] *Johannes Richter*, Frühneuzeitliche Armenfürsorge als Disziplinierung. Zur sozialpädagogischen Bedeutung eines Perspektivenwechsels. (Res humanae, 7.). Frankfurt am Main, New York 2001. S.39.

[12] Vgl. *Christoph Sachße/Florian Tennstedt* (Hrsg.), Bettler, Gauner und Proleten. Armut und Armenfürsorge in der deutschen Geschichte : Ein Bild-Lesebuch. (Rororo Sachbuch, 7777.). Reinbek bei Hamburg 1983. S. 41.

[13] Vgl. *Sachße/Tennstedt* (Hrsg.) (wie Anm. 12). S. 41.

[14] *Hans Pohl* (Hrsg.), Staatliche, städtische, betriebliche und kirchliche Sozialpolitik vom Mittelalter bis zur Gegenwart. Referate der 13. Arbeitstagung der Gesellschaft für Sozial- und Wirtschaftsgeschichte vom 28. März bis 1. April 1989 in Heidelberg. (Vierteljahrschrift für Sozial und Wirtschaftsgeschichte. Beihefte, 95.). Stuttgart 1991. S.16.

[15] sog. Ablasshandel, Vgl. *Pohl* (Hrsg.) (wie Anm. 14). S. 17; *Richter* (wie Anm. 11). S.34.

Allerdings war es im Mittelalter nicht möglich, alle Hilfsbedürftigen zu versorgen. Für diejenigen, für die es nicht möglich war, die Hilfe der eigenen Familien, Grundherrschaften oder der Kirche anzunehmen, blieb häufig nur noch der Ausweg in die Bettelei. Bis auf einzelne Einschränkungen[16] war dies „eine im Mittelalter übliche und gesellschaftlich akzeptierte Form der Existenzbewältigung."[17]

Am Ende des Mittelalters und dem Beginn der Frühen Neuzeit stieg die Zahl der Armen und an der Armutsgrenze lebenden Menschen so schnell an[18], dass die Klöster und Kirchen völlig überfordert waren. Neue Formen der Armenfürsorge mussten her. Doch vorher noch sollen die Gründe des sprunghaften Anstieges der Armut dargelegt werden.

3.2 Ursachen für zunehmende Armut und Unterschicht in der frühen Neuzeit

Obwohl es eine Vielzahl von Gründen für Armut in der Frühen Neuzeit gibt, so gibt es doch wesentliche Hauptgründe (die sich wiederrum gegenseitig verstärken), warum die unterste Bevölkerungsschicht der Armen und Bettler in der Frühen Neuzeit so rapide zunahm.

Da wäre zum einen das rasante Bevölkerungswachstum seit dem 11. Jahrhundert, das dazu führte, dass nicht nur viele neue Städte gegründet wurden, sondern es auch eine enorme Zuwanderung vom Land in die Städte gab.[19] Die erhöhte Nachfrage an Grundnahrungsmittel führte zu einem Preisanstieg der selbigen, mit denen der reale Lohnzuwachs über die Jahre nicht mithalten konnte.[20] Dies traf insbesondere gerade diejenigen Bevölkerungsschichten, die hauptsächlich vom Erlös ihrer täglichen Arbeit lebten – also vor allem Tagelöhner und ungelernte Arbeiter – und es so kaum vermochten, irgendwelche Rücklagen zu bilden.[21] Wer jedoch aus seinem Heimat wegzog, „verließ damit auch die Verbände, die ihm Schutz und Hilfe in Notlagen gewährten: die Familie und die Grundherrschaft. Er war auf sich selbst gestellt und in Notfällen aufs Betteln und die Spendenbereitschaft seiner Mitmenschen verwiesen."[22] Verstärkt wurde dieser Preisanstieg durch immer wieder kehrende schlechte klimatische Bedingungen und die sich daraus

---

[16] So war es z.B. an bestimmten Orten (Kirche) oder zu bestimmten Zeiten (Nachtzeit, Werktage) verboten, blieb aber ansonsten, manchmal auch nur mit dem Tragen eines Bettelzeichens, erlaubt. Vgl. *Sachße/Tennstedt* (Hrsg.) (wie Anm. 12). S.42.45

[17] *Pohl* (Hrsg.) (wie Anm. 14).S.17.

[18] Bis zu 60% der damaligen Stadtbevölkerung galten als arm vgl. dazu *Rudolf Palme*, Städtische Sozialpolitik bis zum 16. Jahrhundert, in: Pohl, Hans (Hrsg.), Staatliche, städtische, betriebliche und kirchliche Sozialpolitik vom Mittelalter bis zur Gegenwart. Referate der 13. Arbeitstagung der Gesellschaft für Sozial- und Wirtschaftsgeschichte vom 28. März bis 1. April 1989 in Heidelberg. (Vierteljahrschrift für Sozial und Wirtschaftsgeschichte. Beihefte, 95) Stuttgart 1991S.49; *Sachße/Tennstedt* (Hrsg.) (wie Anm. 12). S.40-41.

[19] Vgl. *Sachße/Tennstedt* (Hrsg.) (wie Anm. 12). S.39.

[20] Vgl. *Robert Jütte/Rainer von Savigny*, Arme, Bettler, Beutelschneider. Eine Sozialgeschichte der Armut in der Frühen Neuzeit. Weimar 2000. S.36-38.

[21] Vgl. *Richter* (wie Anm. 11). S.33.

[22] *Sachße/Tennstedt* (Hrsg.) (wie Anm. 12). S.40.

ergebenden Miss- und Fehlernten. Sie ließen die Lebensmittelpreise in Extremfällen um bis zu 450% teurer werden.[23]

Weiter begünstigten die beengten und oftmals unhygienischen Lebensumstände in den Städten (besonders in den Unterschichten) auch das Ausbrechen von Epidemien. So war die immer wieder ausbrechende Pest einer der wesentlichen Faktoren für die Verarmung ganzer Bevölkerungsschichten. Das Wegsterben von Arbeitskräften brachte die städtische Wirtschaft beinahe zum Erliegen, nicht nur durch das Fehlen der Arbeitskräfte an sich, sondern auch durch die krankheitsbedingte Erwerbslosigkeit und dadurch verlorene Kaufkraft der Bürger, was wiederum weniger Umsatz und dadurch noch mehr neue Arbeitslose bedeutete.[24] Das wenige Geld, das sowieso schon kaum zum Überleben reichte, wurde nun so gut wie ausschließlich für den Erwerb von teuren Nahrungsmitteln und Medikamenten verwendet – die Nachfrage an andere Produktionsgüter sank rapide, was wiederum die Wirtschaft schwächte. Überhaupt ist lang andauernde Krankheit an sich eine der „Hauptursachen der Armut"[25]. Ebenso ist das Alter – entweder zu alt, oder zu jung, um ein eigenes Einkommen zu haben ein Grund für Armut.

Ein weiterer sehr gewichtiger Punkt für die Entstehung und Ausbreitung von Armut sind die zahlreichen Kriege im Europa des 15.-18. Jahrhundert. Diese Kriege waren nicht nur zahlreich (Religionskriege, Bürgerkriege, Türkenkriege, Bauernkriege usw.) sondern in ihren direkten und indirekten Folgen verheerend für ganz Europa. Kriege sind bekanntlich teuer, kosten Leben, zerstören ganze Landwirtschaften und hinterlassen Witwen und Waisen. Doch auch in den kurzen Friedenszeiten und Waffenstillständen verursachten die nun arbeitslosen und deswegen marodierenden Soldaten viel Leid, wenn sie nicht als Krüppel und Kriegsversehrte bettelnd durch die Gegend zogen oder sich als Söldner verdienten.[26]

Zu Letzt war es durch die sich vertiefende soziale Differenzierung[27] in den Städten der Frühen Neuzeit für Arme auch kaum möglich, aus der Armut herauszukommen. Die unteren Schichten der Gesellschaft (unselbständige und/oder ungelernte Arbeiter, Tagelöhner, Mägde, Handwerksgesellen) hatten nur selten Zugang zu Privilegien wie Bildung, Zunft- oder Bürgerrechte[28]. In Notlagen waren sie es, die zuerst die Grenze von der Armut zur Bedürftigkeit überschritten.

---

[23] Bei einem Ernteausfall von 50% vgl. *Jütte/Savigny* (wie Anm. 20). S.39.

[24] *Jütte/Savigny* (wie Anm. 20). S.30f

[25] Zitiert nach *Jütte/Savigny* (wie Anm. 20). S.28.

[26] Vgl. *Jütte/Savigny* (wie Anm. 20). S.35.

[27] Vgl. *Helmut Bräuer*, Armut, in: , Enzyklopädie der Neuzeit. Physiologie - Religiöses Epos. Band 10. Darmstadt Sp.667f.

[28] Vgl. *Sachße/Tennstedt* (Hrsg.) (wie Anm. 12). S.40.

3.3 Neuerungen der Armenfürsorge in der Frühen Neuzeit

Diese dramatischen Änderungen in der Gesellschaft führten nun zu einer Neuorganisation der Armenfürsorge. Diese Reformwelle „um 1520 erfaßte schließlich ganz Europa"[29]. Zusammenfassend lassen sich diese Reformen gut an den Begriffen der *Kommunalisierung, Rationalisierung, Bürokratisierung* und *Pädagogisierung*[30] erklären und veranschaulichen.

3.3.1 Kommunalisierung

Unter *Kommunalisierung* sind allgemein zwei Tatsachen zu beschreiben. Zum einen betrifft es die Säkularisation der Armenfürsorge, sprich die Armenfürsorge wurde unter die Aufsicht einer zentralen weltlichen Behörde gestellt.[31] Vorreiter in Deutschland waren hierbei „Nürnberg (1522) und ein Jahr darauf Straßburg, Augsburg und ein paar kleinere deutsche Städte".[32] Schon vor der Reformation gab es Forderungen von Theologen und Predigern, die Armenfürsorge viel mehr in die Verantwortung der städtischen Obrigkeit zu legen.[33]

Notwendigerweise brachte diese Änderung zum anderen auch eine lokale Beschränkung der Fürsorge mit sich; war doch die katholische Kirche eine „universelle[n], räumlich nicht begrenzte[n] Institution"[34], so mussten die Städte sich auf die Versorgung ihrer eigenen Armen beschränken. In der Reichspolizeiordnung von 1530 heißt es unter Punkt „[34.] Von bettlern und müssig gengern. ... Item daß auch die oberkeyt versehung thü / daß eyn jede statt und Cummun ire armen selbst erneren und underhalten / und imm Reich nit gestattet an eynem jeglichen ort frembde zu bettlen ..."[35] Die Städte reagierten demnach abweisend auf fremde, wandernde Bettler.

Juristen, Theologen und Philosophen wie z.B. **MARTIN LUTHER, JOHANNES EISERMANN** (auch **FERRARIUS MONTANUS**) oder **MARTIN BUCER** äußerten sich natürlich auch über gesellschaftliche und soziale Probleme. *Ferrarius*, ein Protestant, gibt in seinem Werk über den Gemeinen Nutze den Rat, fremde Bettler mit zehn Pfennig oder etwas Brot als Fremdlinge aufzunehmen, sie dann aber weiter passieren zu lassen:

---

[29] *Martin Rheinheimer*, Arme, Bettler und Vaganten. Überleben in der Not 1450 - 1850. Frankfurt am Main 2000. S. 103.

[30] Vgl. *Sachße/Tennstedt* (Hrsg.) (wie Anm. 12). S.43; *Jütte/Savigny* (wie Anm. 20). S.134; *Rheinheimer* (wie Anm. 29). S.94.

[31] Vgl. *Sachße/Tennstedt* (Hrsg.) (wie Anm. 12). S.34.

[32] *Jütte/Savigny* (wie Anm. 20). S. 138f.

[33] Vgl. *Jütte/Savigny* (wie Anm. 20). S.133.

[34] *Sachße/Tennstedt* (Hrsg.) (wie Anm. 12). S.43.

[35] Romischer Keyserlicher Maiestat Ordenung und Reformation guter Pollicei im Heyligen Römischen Reich Anno M. D. XXX. zu Augspurg uffgericht., http://www.google.de/url?sa=t&rct=j&q=&esrc=s&source=web&cd=8&cad=rja&ved=0CGcQFjAH&url=htt p%3A%2F%2Fwww.smixx.de%2Fra%2FLinks_F-R%2FReichspolizeiordnung_1530.pdf&ei=qc5iUaLMFIfEtQbuhYGAAw&usg=AFQjCNEwO3eEH7_Uf78oeTx U6Gn9ptKObQ&sig2=A3cgVPpMg85D5KKHgCnQ2Q&bvm=bv.44770516,d.Yms. S.14.

„Den frembden und auslendischen kann sollich maß nit geben werden/ nach dem niemandt wissen mag/ wie es umb sie gelegen sey/ Darumb thut man hie gnug/ so nam inen ein zeher pfennig ader nachtbröt gibt/ und lest sie furters passirn nit das sie betler sein/ sonder fremdlung"[36]

Dabei spricht Ferrarius in diesem Abschnitt auch schon an, was unter dem Begriff der *Rationalisierung* zusammengefasst werden kann, nämlich die Frage nach der Unterstützungswürdigkeit.

3.3.2 Rationalisierung

War die Almosenverteilung der katholischen Kirche noch sehr unkritisch und frei[37], so versuchten die Reformer den Staat davon zu überzeugen[38], die Vergabe von Almosen zu rationalisieren, d.h. die Armenfürsorge effektiver zu machen, indem man feststehende Kriterien schaffen sollte, „die zum Empfang von Unterstützungsleistungen berechtigten"[39] – oder eben nicht. Dabei wurden mehrere Unterscheidungen getroffen: Zuerst wurde, wie schon erwähnt, zwischen fremden und einheimischen Armen und Bettlern unterschieden. Nur einheimische Arme und Bettler hatten das Recht auf Unterstützung durch die Obrigkeit.

Die zweite Unterscheidung trennte zwischen *würdigen* und *unwürdigen* bzw. *wahren* und *falschen* Armen.[40] Offensichtlich gab es immer wieder solche Arme, die eigentlich gar nicht arm sein müssten. Das Ziel der Obrigkeit war allerdings, nur solche Arme zu unterstützen, die sich auch wirklich selbst nicht helfen konnten. Das waren dann auch hauptsächlich die von den in 3.1 erwähnten Ursachen der Armut Betroffenen: Krüppel, Kranke, Schwache, Witwen, Weise, sehr junge bzw. alte Menschen und Arbeitende, die sich aufgrund der Teuerungen selbst nicht versorgen konnten. Die unwürdigen und falschen Armen, die sich hauptsächlich dadurch auszeichneten, dass sie nicht arbeiten wollten, obwohl sie könnten, wurden von der Armenversorgung ausgeschlossen.

Möglich machten diese Maßnahmen ein neues Denken über Arbeit; war sie im Mittelalter noch Mühsal, so sah man sie nun „zunehmend als Quelle von Wohlstand und Reichtum"[41] – Armut dagegen wurde jetzt hauptsächlich ein selbstverschuldetes, moralisches Problem. So wurden eben die Arbeitsfähigkeit und besonders auch der Arbeitswille zum Prüfstein für die Unterstützungswürdigkeit derjenigen, die Armenfürsorge

---

[36] *Johannes Ferrarius*, Von dem Gemeinen nutze/ in massen sich ein ieder/ er sey Regent/ ader unterdan/ darin schicken sal/ den eygen nutz hindan setzen/ und der Gemeyn wolfart suchen. Marburg 1533. S.136.
[37] Das mittelalterliche Bild eines festen Weltgefüges, in der jeder Mensch einen feststehenden Platz hatte, trug wesentlich dazu bei. Vgl. *Harm-Peer Zimmermann*, Die rechtlichen Grundlagen und die Verwaltung des Armenwesens 1542-1914, in: Sievers, Kai Detlev/Zimmermann, Harm-Peer (Hrsg.), Das disziplinierte Elend. Zur Geschichte der sozialen Fürsorge in schleswig-holsteinischen Städten, 1542-1914. (Studien zur Volkskunde und Kulturgeschichte Schleswig-Holsteins, 30) Neumünster 1994 S.73.
[38] Vgl. *Jütte/Savigny* (wie Anm. 20). S.134.
[39] *Sachße/Tennstedt* (Hrsg.) (wie Anm. 12). S.34.
[40] Vgl. *Rheinheimer* (wie Anm. 29). S.94f.
[41] *Rheinheimer* (wie Anm. 29). S.92.

beanspruchten.[42] Die arbeitsfähigen „starken" Armen dagegen versuchte man zu Arbeit, Disziplin und Fleiß zu erziehen, was Luther als Dienst an Gott und der Gemeinschaft verstand.[43]

Durch das neu entstandene Armenfürsorgesystem wurde das öffentliche Betteln im Allgemeinen auch immer mehr verboten, besonders in protestantischen Städten.[44] Einheimische Bettler wurden zwar schon seit Ende des 14. Jahrhunderts mit einem Bettelzeichen als Arme ausgewiesen, was ihnen erlaubte unter Beaufsichtigung in den eigenen Städten zeitweise zu betteln, allerdings beinhaltete diese Erlaubnis auch schon die ganze Armenfürsorge.[45] Dieses Abzeichen aber wurde in der Frühen Neuzeit dann Merkmal für die wahren Armen, die von den städtischen Fürsorgeeinrichtungen unterstützt wurden. Damit sie diese Unterstützung allerdings behalten durften, bzw. überhaupt erst bekamen, wurde auch das moralisch-ethische Leben der Armen einer Prüfung unterzogen. Offiziellen Armen war des demnach verboten, in Wirtshäuser oder Spielhäuser zu gehen, sie mussten regelmäßig in der Kirche erscheinen und sich auch sonst nach dem christlich-ethischem Ideal verhalten[46].

3.3.3 Bürokratisierung

Die neuen Maßnahmen zu Versorgung der Armen bedingten zwangsweise den Aufbau von Institutionen, die versuchten, die immense Menge an erforderlichen Informationen sorgsam zu verarbeiten, um eine gerechte Verteilung der Mittel zu ermöglichen. Auf die *Rationalisierung* folgte also die *Bürokratisierung* der Fürsorge.

Zur Neuordnung des Armenwesens gehörte auch eine Veränderung des Finanzwesens der Kirche. Luthers Ideen zufolge sollten die Einnahmen (freiwillige Spenden, kein Sündenloskauf mehr) und Ausgaben der protestantischen Kirche in einem „Gemeinen Kasten" gebündelt werden, aus welchem zum einen der Pastor und die Kirchendiener bezahlt werden sollten, zum anderen aber auch die Armen ihre Hilfen bezogen.[47] Dieser „Gemeine Kasten" setzte sich ab den 1520er Jahren in immer mehr deutschen Städten durch.[48] Der Kasten wurde von gewählten Männern verwaltet, den *Kastenherren*; die *Almosenknechte* hingegen verteilten die Almosen an die Armen persönlich, wobei gleich die

---

[42] Vgl. *Rheinheimer* (wie Anm. 29). S.92.
[43] Vgl. *Josef Ehmer/Edith Saurer*, Arbeit, in: Egger, Brigitte/Jaeger, Friedrich (Hrsg.), Abendland - Beleuchtung. (Enzyklopädie der Neuzeit / im Auftr. des Kulturwissenschaftlichen Instituts (Essen) und in Verbindung mit den Fachwissenschaftlern hrsg. von Friedrich Jaeger, 1) [Darmstadt] 2005 Sp.510.
[44] Vgl. *Thomas Fischer*, Städtische Armut und Armenfürsorge im 15. und 16. Jahrhundert. (Göttinger Beiträge zur Wirtschafts- und Sozialgeschichte, 4.). Göttingen 1979. S.181.
[45] Vgl. *Rheinheimer* (wie Anm. 29). S.99.
[46] Vgl. *Rheinheimer* (wie Anm. 29). S.101,104.
[47] Vgl. *Jütte/Savigny* (wie Anm. 20). S.140f.
[48] „Zwischen 1522 und 1530 wurden mehr als 25 Armenverordnungen in deutschen Städten erlassen, die im Wesentlichen Luthers Vorschlägen entsprachen" *Jütte/Savigny* (wie Anm. 20). S.141.

Lebensumstände (Krankheit, Alter, Arbeitssituation) der Empfänger in der Hinsicht überprüft wurden, ob diese den Almosenempfänger noch als solchen berechtigten.[49]

3.3.4 Pädagogisierung

Waren die genannten Maßnahmen bisher nur Mittel zu Bekämpfung der Symptome der Armut, so bildet die Ideen der *Pädagogisierung* die vielleicht ehrgeizigste Neuerung in der Armenfürsorgepolitik der damaligen Zeit. Den frühneuzeitlichen Reformern des Armenwesens ging es nämlich nicht einfach nur darum, Armut zu lindern, sondern auch darum, neue Armut zu verhindern. Dieser Aspekt der Erziehung stellt gleichsam auch den Höhepunkt der sozialdisziplinarischen Maßnahmen zur Bekämpfung der Armut dar und entspringt hauptsächlich der protestantischen Arbeitsethik von Disziplin und Fleiß zur Ehre Gottes.[50] Diese neue Arbeitsethik samt ihrer Disziplin und ihren hohen moralischen Standards sollte nach calvinistischer Lehre als sichtbares und überprüfbares Zeichen auf die eigene göttliche Gnadenwahl hindeuten.[51] Es gebührte einem Christen demnach nicht, einen unordentlichen Lebenswandel zu haben, sondern er sollte in Stille mit seinen eigenen Händen arbeiten und sein eigenes Brot essen (vgl. 1Thess 4,11; 2Thess 3,11-12).

Die Arbeitslosigkeit, und schlimmer noch der Müßiggang samt der Arbeitsunwilligkeit wurden immer mehr als Quelle allerlei Laster und Sünden angesehen. Oberstes Ziel für Maßnahmen der Armutsvermeidung war also, jeden Menschen, in erster Linie jedoch den unwürdigen, müßiggehenden und arbeitsfähigen Armen so umzuerziehen, dass er „für sich sein leben und wesen der massen anstellen/ damit er sein zeit/ und sonderlich seine jungen Jahr ... nit mit müssiggang zubringe/ sondern ein ehrlich Gewerb oder Handtierung für die Handt nemme."[52]

Die Intensität der Disziplinierungsmaßnahmen steigerte sich im Lauf der Jahre. Erfolgte zuerst durch Bettelverbote eine Kriminalisierung des Bettelns mit entsprechenden Strafen[53], so kam es ab Mitte des 16. Jahrhunderts zu Einrichtung von immer mehr Zucht- und Arbeitshäusern. In diesen „Zucht- und Arbeitshäusern des 17. und 18. Jahrhunderts fand der Anspruch des absolutistischen Staates, Zugriff auf die gesamte Persönlichkeit des Untertanen zu nehmen, seinen deutlichsten und institutionellen Ausdruck."[54] Sie waren die eigentlichen großen Neuerungen des Armenfürsorgewesens im Absolutismus.[55] Diese

---

[49] Vgl. *Jütte/Savigny* (wie Anm. 20). S.140; *Sachße/Tennstedt* (Hrsg.) (wie Anm. 12). S.44f.

[50] Vgl. *Zimmermann* (wie Anm. 37) S.73.

[51] Vgl. *Roman Köster*, Protestantische Ethik, in: , Enzyklopädie der Neuzeit. Physiologie - Religöses Epos. Band 10. Darmstadt Sp.490.

[52] *Georg Lauterbeck*, RegentenBuch Des hochgelerten, weitberümten Herrn Georgen Lauterbecken ... Darinn viel un[d] Mancherley nützliche anweisungen, herrliche Reht und anschlege, zu löblicher und glückhaffter Regirung ... dienlich sein kan ... . Frankfurt am Main 1600. S.188.

[53] „Auspeitschen, Staupenschlag, Brandmarken" *Sachße/Tennstedt* (Hrsg.) (wie Anm. 12). S.101.

[54] *Sachße/Tennstedt* (Hrsg.) (wie Anm. 12). S.90.

[55] Die Erste Anstalt entstand 1555 in London, in Deutschland fing es 1609 in Bremen an. Vgl. *Sachße/Tennstedt* (Hrsg.) (wie Anm. 12). S. 103.

Häuser waren nicht für die unterstützungswürdigen, wahren Armen, sondern für die starken, arbeitsunwilligen und häufig auch kriminellen Bettler, Müßiggänger und Landstreicher gedacht, die durch Arbeit, Strebsamkeit und strenge Disziplin gebessert und wieder gesellschaftsfähig gemacht werden sollten. Diese Disziplin verlangte eine völlige Unterordnung unter die Anstaltsaufsicht inklusive „einem neuen Verhältnis zu ihrem Körper und ihrer Sexualität" was „detaillierte Reinigungsvorschriften, ärztliche Kontrollen, Kurzscheren der Haare, Trennung der Geschlechter, [und] Unterdrückung aller Sexualität"[56] bedeutete. Allen anderen, speziell den unteren, armutsgefährdeten Gesellschaftsschichten dienten diese Anstalten als Abschreckungsmaßnahme, sodass sie sich selber zu mehr Fleiß und einem christlichen und ehrwürdigen Lebensstil motivierten.[57]

Die verordnete Zwangsarbeit fand sowohl außerhalb der Anstalten als auch innerhalb der Anstalten statt. Außerhalb wurden beispielsweise Straßenreinigungen[58], Erd- und Festungsbauten[59] durchgeführt, innerhalb versuchte man sehr häufig die Zwangsinternierten in Sparten der Textilindustrie[60] sinnvoll zu beschäftigen. Unterbrochen wurde der bis zu 18 stündige Arbeitstag nur von festgesetzten Zeiten für Essen und Gebetzeiten bzw. einem Gottesdienst, wobei letzteres zum Umerziehungsprogramm dazu gehörte.[61]

In etwas abgeschwächter Form fand diese Pädagogisierung fand auch in Waisenhäusern statt. In ihnen wurden Waisenkinder von Anfang an nach christlichen Idealen erzogen, um Müßiggang vorzubeugen, damit sie sich später selbst ernähren konnten.[62] Bekanntestes Beispiel hierfür mögen die Franckesche Stiftungen in Halle sein.

4. Theologische Begründung der Maßnahmen

Gott wird in der Bibel als ein kreativer, schaffender und erhaltender Gott beschrieben. Die Schöpfung ist der allergrößte Ausdruck dessen. Zu seinem Ebenbild schuf er gleicherweise den Menschen. Dieser war dazu bestimmt, in der Ebenbildlichkeit Gottes ewig zu leben, zu herrschen und Gemeinschaft zu haben – zuerst mit Gott aber auch mit seinesgleichen. Noch bevor Gott die Frau schuf, gab er dem Menschen Adam die Aufgabe, den Erdboden zu bebauen, ja viel mehr noch, der Garten Eden selbst war dazu angelegt, um bebaut zu werden: *„und noch gab es keinen Menschen, den Erdboden zu bebauen"* (Gen 2,5c) *„Und Gott, der HERR, nahm den Menschen und setzte ihn in den Garten Eden, ihn zu bebauen und ihn zu bewahren."*(Gen 2,15)

---

[56] *Sachße/Tennstedt* (Hrsg.) (wie Anm. 12). S.106.
[57] Vgl. *Zimmermann* (wie Anm. 37) S.238.
[58] Vgl. *Fischer* (wie Anm. 44). S.246.
[59] *Rheinheimer* (wie Anm. 29). S.106.
[60] „Wollespinnen, Seidehaspeln, Garnstreichen, Weben und Spulen" *Sachße/Tennstedt* (Hrsg.) (wie Anm. 12). S.104.
[61] Vgl. *Zimmermann* (wie Anm. 37) S.240.
[62] Vgl. *Rheinheimer* (wie Anm. 29). S.109.

Die erste Aufgabe dieses Bebauens und Bewahrens war die Benennung der Tiere (Gen 2,19). Hier lässt sich die Frage stellen, wieso Gott die Tiere als ihr Schöpfer denn nicht selbst benannt hat? Die Antwort gibt derselbe Vers: *„Und Gott, der HERR, bildete aus dem Erdboden alle Tiere des Feldes und alle Vögel des Himmels, und er brachte sie zu dem Menschen, <u>um zu sehen, wie er sie nennen würde; und genau so wie der Mensch sie, die lebenden Wesen, nennen würde, so sollte ihr Name sein.</u>"* Gott verschaffte dem Menschen seine erste Gelegenheit in seiner Ebenbildlichkeit Gottes selbst schöpferisch tätig zu sein. Das sieht man auch an der zu beachtenden Betonung, dass Gott dieses selbstständige Handeln des Menschen bedingungslos akzeptieren wird, und nicht vor hatte nach zu bessern.

In diesem urgeschichtlichen Bericht findet man die theologische Begründung für allen Tatendrang, jegliches kreative Schaffen des Menschen wie auch seinem Streben nach Macht und Gemeinschaft: Es gehört zu seinem Wesen, etwas mit anderen zu tun. Der Mensch ist als kreatives, schöpferisch tätig-werden-wollendes und soziales Wesen geschaffen. Arbeit war nicht als Müh' und Plag' gedacht, sondern als Sinn und Ausdruck seiner Würde und Identität.

Nach dem Sündenfall verlor der Mensch die Vollkommenheit seiner Ebenbildlichkeit Gottes. Sie ist nun verdorben, wenn auch grundsätzlich noch vorhanden. Der Mensch ist nun sterblich, sowohl geistlich (Trennung von Gott) als auch körperlich, erkennbar durch den nun eintretenden körperlichen Zerfall und Tod aller nachfolgenden Menschen. Er war fortan nicht mehr in der Lage über die Schöpfung zu herrschen – von nun an herrschten Tod, Sünde und Begierden über ihn und bestimmten sein Leben. Die Gemeinschaft mit Gott ging ebenfalls verloren: Er wurde aus dem Garten verbannt und hatte keinen ungestörten Zugang und Umgang mehr mit Gott. Ebenso war die Gemeinschaft unter den Menschen zunehmend von Lieblosigkeit, Neid, Hass und Mord (Kain tötet Abel schon in Kapitel 4!) gekennzeichnet.

Durch den Verlust seiner Bestimmung und somit auch dem Verlust seiner wahren Identität verlor der Mensch auch den Sinn in seinem Leben. Der Versuch diese wiederzufinden, lässt sich ganz einfach in dem Streben des Menschen nach Macht, Geld und Gemeinschaft wiederfinden. Diese Suche setzt nicht selten kriminelle Energie frei.

Müßiggang, als Ausdruck dieser Sinnlosigkeit bzw. als Bestreben nach Macht (Ich tue was ich will, lebe frei und lasse mir von niemanden etwas sagen) wird in der Bibel demnach auch sehr oft als Anfang der Armut dargestellt. Ein paar eindrucksvolle Beispiele aus den Sprüchen Salomos sollen das verdeutlichen:

Sprüche 10,4: Arm wird, wer mit lässiger Hand schafft, aber die Hand der Fleißigen macht reich.

Sprüche 10,26: Wie Essig für die Zähne und wie Rauch für die Augen, so ist der Faule für die, die ihn senden.

Sprüche 19,24: Hat der Faule seine Hand in die Schüssel gesteckt, nicht einmal zu seinem Mund bringt er sie zurück.

Sprüche 26,14: Die Tür dreht sich in ihrer Angel und der Faule auf seinem Bett.

Sprüche 24,33-34: Noch ein wenig Schlaf, noch ein wenig Schlummer, noch ein wenig Händefalten, um auszuruhen, —34 und wie ein Landstreicher kommt deine Armut, und dein Mangel wie ein unverschämter Mann.

Sprüche 28,19: Wer sein Ackerland bebaut, wird sich satt essen können an Brot; wer aber nichtigen Dingen nachjagt, wird sich an der Armut satt essen.

Den Reformatoren waren diese Zusammenhänge sehr gut bekannt. In ihrem Kampf gegen die Armut versuchten sie deshalb dieses Problem hauptsächlich durch zwei Methoden zu bekämpfen: 1. Christliche Lehre, um den Menschen aus Gnade durch Glauben an den Opfertod Jesu Christi in eine versöhnte Beziehung zu Gott zu bringen und 2. Bildung und Arbeit, um ihm ein selbstständiges, sinnerfülltes und gottgefälliges Leben zu ermöglichen.

5. Schluss

Markus 14,3-7: Und als er in Betanien war, in dem Hause Simons des Aussätzigen, kam, während er zu Tisch lag, eine Frau, die ein Alabasterfläschchen mit Salböl von echter, kostbarer Narde hatte; sie zerbrach das Fläschchen und goss es aus auf sein Haupt. [4]Es waren aber einige bei sich selbst unwillig: Wozu ist diese Verschwendung des Salböls geschehen? [5]Denn dieses Salböl hätte für mehr als dreihundert Denare verkauft und der Erlös den Armen gegeben werden können. Und sie fuhren sie an. [6]Jesus aber sprach: Lasst sie! Was macht ihr ihr Mühe? Sie hat ein gutes Werk an mir getan; [7]denn die Armen habt ihr allezeit bei euch, und wenn ihr wollt, könnt ihr ihnen wohltun; mich aber habt ihr nicht allezeit.

Damals sagte Jesus schon, dass das Problem der Armut niemals aus der Welt geschafft wird, es aber gleichzeitig eine Verantwortung der Mitmenschen ist, sich um die schwachen und unselbstständigen Mitglieder der Gesellschaft zu kümmern. Zwar ist es nicht nur den Reformation und der protestantischen Theologie zu verdanken, dass die Armenfürsorge in der Frühen Neuzeit beträchtliche Schritte nach vorne getan hat[63], dennoch haben die Reformatoren wesentlich zur Umsetzung der Neuerungen beigetragen.

Die Neuerungen der Armenfürsorge lassen sich hauptsächlich an zwei Schlagworten festhalten: 1. Rationalisiertes Verteil- und Ausgabesystem und 2. Vorbeugende Maßnahmen in Form von Erziehung, Bildung und Arbeit. Diese zwei Grundsätze sind auch im deutschen Sozialsystem des 21. Jahrhunderts maßgebend. Armutsbekämpfung gerade durch Bildung und Ausbildung ist eine der wichtigsten Strategien dafür[64]. Die Reformatoren in der Frühen Neuzeit legten mit ihren Neuerungen im Umgang mit Armut den Grundstein für die nachfolgende Entwicklung und all ihren Errungenschaften bis in die heutige Zeit. Sie machten wieder einmal deutlich, dass eine Gesellschaft nur dann funktionieren kann, wenn die einzelnen Mitglieder dieser Gesellschaft ihrer Verantwortung derselben gegenüber, als auch die Gesellschaft die Verantwortung für die Einzelnen übernimmt. Eine Disziplinierung, in welcher Form auch immer, für diejenigen, die dieser Verantwortung nicht nachkommen

---

[63] Vgl. *Jütte/Savigny* (wie Anm. 20). S.131-137.
[64] Vgl. http://www.armut.de/bekaempfung-der-armut_lokale-strategien_bildung-und-ausbildung.php

wollen ist demnach ein wesentlicher und unabdingbarer Prozess, der gerade in Deutschland, dem Land mit den meisten Gesetzen der Welt tagtäglich verfolgt und zu verbessern gesucht wird. Die Herausforderung einer jeden Generation besteht darin, diesen Prozess so gerecht und menschlich wie nur irgend möglich zu gestalten.

6. Literaturliste

Beitrag

Helmut Bräuer, Armut, in: , Enzyklopädie der Neuzeit. Physiologie - Religöses Epos. Band 10. Darmstadt

Arno Buschmann, Reichsgesetzgebung, in: , Enzyklopädie der Neuzeit. Physiologie - Religöses Epos. Band 10. Darmstadt

Josef Ehmer/Edith Saurer, Arbeit, in: Egger, Brigitte/Jaeger, Friedrich (Hrsg.), Abendland - Beleuchtung. (Enzyklopädie der Neuzeit / im Auftr. des Kulturwissenschaftlichen Instituts (Essen) und in Verbindung mit den Fachwissenschaftlern hrsg. von Friedrich Jaeger, 1) [Darmstadt] 2005

Karl Härter, Polizei, in: , Enzyklopädie der Neuzeit. Physiologie - Religöses Epos. Band 10. Darmstadt

Roman Köster, Protestantische Ethik, in: , Enzyklopädie der Neuzeit. Physiologie - Religöses Epos. Band 10. Darmstadt

Gerhard Oestreich, Strukturprobleme des europäischen Absolutismus, in: Oestreich, Gerhard (Hrsg.), Geist und Gestalt des frühmodernen Staates. ausgewählte Aufsätze. Berlin 1969

Rudolf Palme, Städtische Sozialpolitik bis zum 16. Jahrhundert, in: Pohl, Hans (Hrsg.), Staatliche, städtische, betriebliche und kirchliche Sozialpolitik vom Mittelalter bis zur Gegegenwart. Referate der 13. Arbeitstagung der Gesellschaft für Sozial- und Wirtschaftsgeschichte vom 28. März bis 1. April 1989 in Heidelberg. (Vierteljahrschrift für Sozial und Wirtschaftsgeschichte. Beihefte, 95) Stuttgart 1991

Harm-Peer Zimmermann, Die rechtlichen Grundlagen und die Verwaltung des Armenwesens 1542-1914, in: Sievers, Kai Detlev/Zimmermann, Harm-Peer (Hrsg.), Das disziplinierte Elend. Zur Geschichte der sozialen Fürsorge in schleswig-holsteinischen Städten, 1542-1914. (Studien zur Volkskunde und Kulturgeschichte Schleswig-Holsteins, 30) Neumünster 1994

Buch (Monographie)

Elberfelder Bibel. 3. Aufl. Witten 2010

Johannes Ferrarius, Von dem Gemeinen nutze/ in massen sich ieder/ er sey Regent/ ader unterdan/ darin schicken sal/ den eygen nutz hindan setzen/ und der Gemeyn wolfart suchen. Marburg 1533

Thomas Fischer, Städtische Armut und Armenfürsorge im 15. und 16. Jahrhundert. (Göttinger Beiträge zur Wirtschafts- und Sozialgeschichte, 4.). Göttingen 1979

Robert Jütte/Rainer von Savigny, Arme, Bettler, Beutelschneider. Eine Sozialgeschichte der Armut in der Frühen Neuzeit. Weimar 2000

Georg Lauterbeck, RegentenBuch Des hochgelerten, weitberümten Herrn Georgen Lauterbecken ... Darinn viel un[d] Mancherley nützliche anweisungen, herrliche Reht und anschlege, zu löblicher und glückhaffter Regirung ... dienlich sein kan ... . Frankfurt am Main 1600

Martin Rheinheimer, Arme, Bettler und Vaganten. Überleben in der Not 1450 - 1850. Frankfurt am Main 2000

Johannes Richter, Frühneuzeitliche Armenfürsorge als Disziplinierung. Zur sozialpädagogischen Bedeutung eines Perspektivenwechsels. (Res humanae, 7.). Frankfurt am Main, New York 2001

Buch (Sammelwerk)

Brigitte Egger/Friedrich Jaeger (Hrsg.), Abendland - Beleuchtung. (Enzyklopädie der Neuzeit / im Auftr. des Kulturwissenschaftlichen Instituts (Essen) und in Verbindung mit den Fachwissenschaftlern hrsg. von Friedrich Jaeger, 1.). [Darmstadt] 2005

Jörn Garber (Hrsg.), "Die Stammmutter aller guten Schulen". Das Dessauer Philanthropinum und der deutsche Philanthropismus 1774-1793. Tübingen 2008

Hans Pohl (Hrsg.), Staatliche, städtische, betriebliche und kirchliche Sozialpolitik vom Mittelalter bis zur Gegenwart. Referate der 13. Arbeitstagung der Gesellschaft für Sozial- und Wirtschaftsgeschichte vom 28. März bis 1. April 1989 in Heidelberg. (Vierteljahrschrift für Sozial und Wirtschaftsgeschichte. Beihefte, 95.). Stuttgart 1991

Christoph Sachße/Florian Tennstedt (Hrsg.), Bettler, Gauner und Proleten. Armut und Armenfürsorge in der deutschen Geschichte : Ein Bild-Lesebuch. (Rororo Sachbuch, 7777.). Reinbek bei Hamburg 1983

Kai Detlev Sievers/Harm-Peer Zimmermann (Hrsg.), Das disziplinierte Elend. Zur Geschichte der sozialen Fürsorge in schleswig-holsteinischen Städten, 1542-1914. (Studien zur Volkskunde und Kulturgeschichte Schleswig-Holsteins, 30.). Neumünster 1994

Internetdokument

Romischer Keyserlicher Maiestat Ordenung und Reformation guter Pollicei im Heyligen Römischen Reich Anno M. D. XXX. zu Augspurg uffgericht., http://www.google.de/url?sa=t&rct=j&q=&esrc=s&source=web&cd=8&cad=rja&ved=0CGcQFjAH&url=http%3A%2F%2Fwww.smixx.de%2Fra%2FLinks_F-R%2FReichspolizeiordnung_1530.pdf&ei=qc5iUaLMFIfEtQbuhYGAAw&usg=AFQjCNEwO3eEH7_Uf78oeTxU6Gn9ptKObQ&sig2=A3cgVPpMg85D5KKHgCnQ2Q&bvm=bv.44770516,d.Yms.